Clara Barton
El ángel del campo de batalla

Tamara Hollingsworth

Asesor

Glenn Manns, M.A.
Coordinador del programa de enseñanza de Historia de los Estados Unidos en la Cooperativa Educativa de Ohio Valley

Créditos

Dona Herweck Rice, *Gerente de redacción*; Lee Aucoin, *Directora creativa*; Conni Medina, M.A.Ed., *Directora editorial*; Katie Das, *Editora asociada*; Neri Garcia, *Diseñador principal*; Stephanie Reid, *Investigadora fotográfica*; Rachelle Cracchiolo, M.S.Ed., *Editora comercial*

Créditos fotográficos

portada Biblioteca del Congreso de los Estados Unidos; p.1 Biblioteca del Congreso de los Estados Unidos; p.4 Colección de National Photo Company; p.5 Keith R. Neely; p.6 Keith R. Neely; p.7 (superior) Mircea Bezergheanu/Shutterstock, (inferior) Casa museo de Clara Barton; p.8 The Granger Collection; p.9 (superior) Biblioteca del Congreso de los Estados Unidos, LC-USZ62-108567, (inferior) Casa museo de Clara Barton; p.10 Vespasian/Alamy; p.11 The Granger Collection; p.12 Flight Collection/Newscom; p.13 Keith R. Neely; p.14 The Granger Collection; p.15 AridOcean/Shutterstock; p.16 The Granger Collection; p.17 Kevin T. Quinn/Flickr; p.18 Time & Life Pictures/Getty Images; p.19 (superior) DoD/Newscom, (inferior) Biblioteca del Congreso de los Estados Unidos, LC-DIG-npcc-30783; p.20 Biblioteca del Congreso de los Estados Unidos, LC-DIG-hec-07801; p.21 (superior) Biblioteca del Congreso de los Estados Unidos, LC-DIG-hec-07144, (inferior) The Granger Collection; p.22 North Wind Picture Archives/Alamy; p.23 Biblioteca del Congreso de los Estados Unidos, LC-USZC4-7763; p.24 Biblioteca del Congreso de los Estados Unidos, LC-USW33-042496; p.25 Biblioteca del Congreso de los Estados Unidos, LC-USZ62-117316; p.26 Pvmoutside/Wikimedia; p.27 (superior) John Kropewnicki/Shutterstock, (inferior) Blamstur/Flickr; p.28 (izquierda) Keith R. Neely, (derecha) The Granger Collection; p.29 (izquierda) Biblioteca del Congreso de los Estados Unidos, LC-USZ62-19319, (derecha) North Wind Picture Archives/Alamy

Teacher Created Materials

5301 Oceanus Drive
Huntington Beach, CA 92649-1030
http://www.tcmpub.com
ISBN 978-1-4333-2573-1
©2011 Teacher Created Materials, Inc.

Tabla de contenido

Clara de joven

Clara Barton nació el día de Navidad en 1821. Vivió en Massachusetts. Tenía dos hermanos mayores y dos hermanas mayores. Ellos le enseñaron muchas cosas.

La casa de Clara

Las hermanas mayores de Clara le enseñaron a leer.

A Clara le gustaba ayudar a las personas. Cuando tenía 11 años, su hermano David cayó de un techo. Clara se convirtió en su enfermera. Ella se quedó en casa por dos años en vez de asistir a la escuela para cuidar de él.

Clara cuida de David.

Clara ponía **sanguijuelas** en el cuerpo de su hermano. En esa época, ésta era una cura muy común.

Cuando fue mayor, David fue soldado durante la Guerra Civil.

A los 16 años, Clara se convirtió en maestra. Enseñaba en una escuela de una sola aula. La gente decía que tenía un don especial. Ella hacía que sus alumnos quisieran aprender.

Dentro de una escuela de una sola aula

En esa época, los maestros les pegaban a sus estudiantes. Pero Clara nunca lo hizo.

La escuela donde enseñaba Clara

Clara la enfermera

Cuando comenzó la **Guerra Civil**, Clara ya era adulta. Ella quería ayudar. Llevaba comida y medicamentos a los soldados. Logró que sus amigos enviaran más provisiones.

Dato curioso

Ésta fue la oficina de Clara durante la Guerra Civil. Nota el nombre de Clara en el letrero.

Clara ayuda a un soldado herido durante la Guerra Civil.

Clara era valiente. Estuvo en muchos **campos de batalla.** Allí había muchos soldados heridos o enfermos. Clara cuidaba de ellos. El presidente Lincoln oyó hablar de su trabajo. Le dio una medalla.

Dato curioso

A Clara la llamaban "el ángel del campo de batalla".

Soldados heridos

Clara recibió una medalla del presidente Lincoln.

Después de la guerra, Clara viajó a Europa. Durante su viaje, aprendió sobre el **Tratado de Ginebra**. Ese **tratado** explicaba cómo debía tratarse a los soldados.

Un grupo de hombres debaten el Tratado de Ginebra.

Clara estaba cansada y enferma.
Viajó a Europa para descansar.

Estados Unidos

Europa

Clara creía en lo que decía el tratado. Quería que los Estados Unidos lo firmaran. Trabajó durante 10 años para lograrlo. Clara sabía que esto ayudaría a los soldados estadounidenses.

Un retrato de Clara

Dato curioso

Las marcas rojas que ves abajo son marcas de cera. Hace mucho tiempo, las personas ponían cera junto a sus nombres en los papeles importantes. Grababan su huella dactilar en la cera.

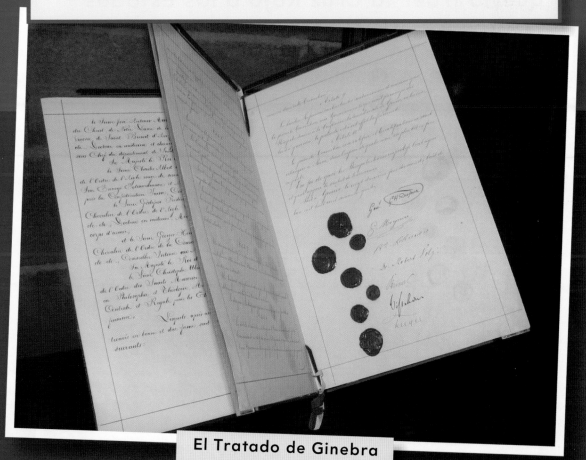

El Tratado de Ginebra

Clara y la Cruz Roja

En Europa, Clara oyó hablar de la Cruz Roja. La Cruz Roja era un grupo de enfermeras. Este grupo ayudaba a las personas durante las guerras. Clara quería traer la Cruz Roja a los Estados Unidos.

Una ambulancia de la Cruz Roja en Francia

Unos soldados enfrente de la Cruz Roja en Gran Bretaña

La Cruz Roja transportaba soldados heridos durante la Primera Guerra Mundial.

Los estadounidenses no creían necesitar la Cruz Roja. Todos decían que no volvería a haber otra guerra. Pero Clara afirmaba que el grupo podía ayudar en cualquier clase de **catástrofe**.

La Cruz Roja les enseña a los voluntarios cómo cuidar de los heridos y los enfermos.

Un grupo de enfermeras de la Cruz Roja

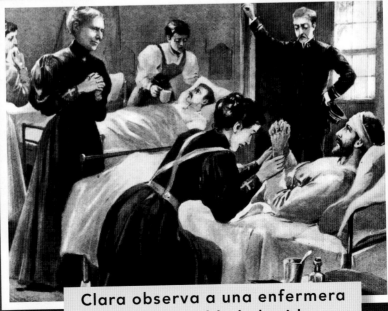

Clara observa a una enfermera
ayudar a un soldado herido.

Finalmente, la gente estuvo de acuerdo con Clara. En 1881, comenzó la Cruz Roja Americana. Se convirtió en la líder del grupo. El grupo ayudaría en tiempos de guerra y de paz.

Clara escribe en su escritorio

Clara fue la presidente de la Cruz Roja Americana durante 22 años.

Clara dirigió la Cruz Roja Americana. El grupo ayudaba después de inundaciones e incendios forestales. También ayudaba después de **tornados** y **terremotos**. La Cruz Roja repartía alimentos y provisiones.

La Cruz Roja empaca alimentos para las personas.

La Cruz Roja ayuda a las personas después de una inundación en Mississippi.

Clara murió en 1912. La Cruz Roja Americana no ha dejado de existir. Este grupo todavía ayuda a las personas necesitadas. Gracias al trabajo de Clara, los estadounidenses reciben ayuda en momentos difíciles.

Dato curioso

Hoy en día puedes visitar la casa de Clara.

Sello de correo de Clara Barton

A Clara siempre se le recordará como la fundadora de la Cruz Roja Americana.

1821

Clara nace en Massachusetts.

1832

La joven Clara cuida a su hermano David.

1862–1865

Clara cuida a los soldados de la Guerra Civil.

1869
Clara viaja a Europa.

1881
Clara funda la Cruz Roja Americana.

1912
Clara muere a los 90 años.

Glosario

campos de batalla—lugares donde se pelean las guerras

catástrofe—suceso repentino que ocasiona grandes pérdidas y daños

Guerra Civil—guerra estadounidense entre los estados del Norte y los del Sur

sanguijuelas—pequeños gusanos que chupan sangre

terremotos—movimientos repentinos de la Tierra que pueden causar grandes daños

tornados—tormentas con vientos fuertes que dan vueltas en círculo

tratado—acuerdo y conjunto de normas entre dos o más países

Tratado de Ginebra—tratado que protegía los derechos de los soldados durante la guerra

Índice

Estadounidenses de hoy

Hoy en día, mucha gente quiere ayudar a otros como Clara lo hizo. Estas personas pueden ofrecerse como voluntarios en la Cruz Roja Americana. Los voluntarios pueden ayudar después de las tormentas, inundaciones y otras catástrofes. Pueden distribuir medicamentos, ropa, alimentos y otras provisiones.